Investire

Le strategie di investimento di Warren Buffett

Danilo Schiavone

Sommario

Introduzione

Warren Buffett è un economista e un imprenditore americano, è conosciuto come il migliore investitore di tutti i tempi.

Il soprannome che gli è stato attribuito è "l'oracolo di Omaha", per via delle sue grandi capacità nell'ambito degli investimenti, e nella predizione delle migliori strade d'azione per ottenere grandi guadagni e ridotte perdite. Omaha è la sua città natale.

Buffet inizia ad appassionarsi agli investimenti in giovane età, si dice che già a 11 anni aveva iniziato ad investire piccole somme che raccoglieva risparmiando e vendendo bibite; viene formato da Benjamin Graham un economista, e da li ha inizio la sua scalata verso il successo.

Il momento di massimo splendore della sua carriera ha origine negli anni sessanta, momento in cui compra un grande numero di azioni di un'azienda chiamata "Berkshire Hathaway"; di cui oggi è proprietario. Era un'azienda che lavorava in ambito tessile che si trovava sull'orlo della banca rotta, grazie a lui è rimasta in piedi. Da quel momento in poi ha iniziato a investire in aziende in difficoltà di vario tipo, ampliando sempre di più il suo pacchetto di possedimenti.

Col tempo passa da piccole imprese artigianali, ad aziende assicurative sempre più grandi e imponenti.

Buffet è impegnato anche in ambito filantropico, fa donazione verso i paesi del terzo mondo e ha stabilito che l'83% del suo patrimonio verrà donato a associazioni che si occupano di aiutare persone in difficoltà; è la persona che ha effettuato la più grande donazione di tutti i tempi, il suo impegno è davvero notevole.

Nel corso degli anni Buffet ha scritto dei libri e dei manuali in cui spiega in modo dettagliato come seguire il suo metodo, i suoi consigli, cosa fare e cosa non fare. Si tratta di semplici direttive ma che se seguite alla lettera possono di certo portare dei benefici anche se ovviamente non fanno miracoli. Alla base ci devono comunque essere molte conoscenze, studio, pratica e impegno.

Chi non è disposto ad applicarsi davvero nell'ambito degli investimenti è forse meglio che non inizi nemmeno questo tipo di percorso; o può fare affidamento a fondi di investimento che raccolgono denaro e si occupano di gestirli al posto degli investitori stessi, fornendo loro a lungo termine degli utili.

Nel mondo degli investimenti ci sono moltissime sfumature e tecniche differenti; ognuno può scegliere di seguire quelle che fanno al caso suo. D'altronde ogni individuo ha necessità, portafogli e business differenti.

Una tra le prime cose da valutare è la tempistica; per quanto tempo una persona è disposta ad impiegare i suoi soldi all'interno di un investimento? La risposta può essere per un arco di tempo breve, oppure lungo. In base a ciò che si sceglie, si prenderanno anche strade differenti nel momento in cui si andranno ad investire i soldi.

Ci sono diversi asset, o ambiti, a cui indirizzare i propri fondi; si possono acquistare azioni, obbligazioni, titoli immobiliari, oro, bitcoin, e molto altro ancora. Le opzioni che il mercato offre sono davvero varie; per prendere la scelta giusta è consono fare delle analisi precise e dettagliate e agire solo nel momento in cui ci si sente sicuri dei risultati ottenuti. Affidarsi al caso non è mai una buona idea, potrebbe anzi portare a situazioni molto negative e dannose per le tasche dell'investitore o della sua azienda.

Capitolo 1

1.1- Come scegliere dove investire

Nel momento in cui una persona decide di investire in borsa si trova spesso spaesata, il mercato propone moltissime strategie differenti d'investimento e tutte sembrano la strada migliore; ci si trova quindi confusi e bloccati sul da farsi.

Tra tutte quelle proposte si possono seguire le strategie di Warren Buffet, il più bravo investitore al mondo, nonché uno degli uomini più ricchi del globo.

Chiaramente essere in grado di investire come fa lui non è da tutti, altrimenti il livello di ricchezza mondiale aumenterebbe esponenzialmente; si può però provare a seguire alcuni dei suoi consigli e delle sue linee guida.

Vediamo quali sono le indicazioni che Buffett fornisce:

• L'azienda in cui scegliete di investire deve aver lavorato e ottenuto risultati sempre con costanza: secondo Warren Buffett la relazione che intercorre tra utile e azione non è un indicatore perfetto, ed utile per una vera analisi. A ogni fine anno al 31/12 le imprese forniscono agli azionisti una piccola parte dei guadagni ottenuti durante il periodo di attività; possiamo dire che se si ha un aumento del 15% dell'utile che viene distribuito per ogni azione, ma la base del capitale totale è aumentata del 15%, non si avranno miglioramenti effettivi. Tutto aumenterà in modo proporzionale e non si riscontreranno differenze concrete nei guadagni. Ciò che secondo Buffett è importante considerare è il "return on equity", ovvero quanto ritorna in guadagno in base al capitale investito nel mercato; tenere d'occhio questo indicatore è a dir poco fondamentale per gestire un'attività finanziari di successo.

- Investire in aziende in cui i responsabili riescono a trasformare le vendite che effettuano in guadagni concreti: in questo caso parliamo di mantenere i costi di gestione bassi, nel momento in cui un'azienda attua un percorso di taglio dei costi significa che qualcosa non va; ovvero l'attività ha sprecato i soldi degli azionisti usandoli in modo non intelligente. La scelta migliore è investire in aziende che hanno sempre registrato un buon ammontare di utili ogni anno. Se si riscontrano problemi aziendali o situazioni non molto chiare è meglio andare oltre e puntare su un'altra attività. Agire d'impulso in questi casi non è chiaramente l'idea migliore.

- Scegliere attività che hanno portato gli azionisti a vedere i loro portafogli riempirsi: di base il cash flow di un'azienda viene individuato sommando i guadagni operativi (a) con le varie spese (b); secondo Buffett a questo calcolo ci sarebbero da aggiungere i reinvestimenti necessari (c). Per reinvestimenti si intendono tutte quelle spese necessarie per fare in modo che l'azienda mantenga la posizione di prestigio che è riuscita a raggiungere con impegno e fatica. Di conseguenza il nuovo elemento da tenere in considerazione si andrà a determinare con il seguente calcolo: (a)+(b)-(c). Se (c) è più elevato di (b) significa che l'azienda da un valore troppo elevato alle sue attività, sovrastima la realtà. Sovrastimare è ingannevole e può creare diversi problemi.

- I responsabili dell'azienda devono essere in grado di aumentarne il valore anno dopo anno, per permettere anche agli azionisti di ottenere benefici in termini economici: parliamo in questo caso della regola conosciuta come "one dollar for one dollar". A fine anno un'azienda può arrivare a produrre un utile, una perdita, o restare in pari. Nel caso in cui si crei un utile si potrà decidere quanta percentuale di esso sarà tenuto in azienda, e quanto sarà invece distribuito ai lavoratori in forma di dividendo. La parte che resta nell'attività viene di solito utilizzata per migliorare alcuni aspetti o fare investimenti, se i soldi vengono utilizzati nel migliore dei modi lo si capirà dal fatto che i titoli azionari aumenteranno di valore; se un'azienda migliora, migliora anche la sua quotazione nel mercato. Bisogna quindi verificare se la parte tenuta in azienda è diventata un valore aggiunto o se è andata sprecata; dal punto di vista di Buffett è giusto scegliere di investire in aziende che sono state in grado di creare per ogni dollaro tenuto in azienda almeno un dollaro che vada ad aumentare il valore dei titoli. Questo principio per lui è davvero importante ed è come una prova del nove per valutare l'effettiva efficienza di un'azienda.

• L'azienda che scegliete non deve avere troppi debiti: le imprese possono scegliere di incrementare il ritorno che hanno sui proprio mezzi andando ad aumentare il rapporto che intercorre tra questi ultimi e i loro debiti di lungo periodo. Warren Buffett crede fermamente che un'azienda che è in grado di operare davvero bene non dovrà mai ricorrere a questo tipo di strategia; un ritorno consistente si può ottenere senza fare ricorso ai debiti. Di base i debiti dovrebbero essere sempre abbastanza bassi e proporzionati alle entrate che si generano. Detto questo possiamo dedurre che le imprese da tenere in considerazione quando si decide di investire sono quelle in cui sono in grado di generare delle buone entrare senza dover creare un grande ammontare da dover pagare. Troppi debiti rappresentano anche problemi e situazioni non favorevoli per l'investimento.

- Nel momento in cui si acquistano delle azioni di un'azienda, bisogna sempre considerare un margine di sicurezza pari al 25%; la quotazione dell'azienda deve essere almeno del 25% minore rispetto al suo valore intrinseco: Individuare e determinare il valore effettivo di un'azienda può risultare molto difficoltoso; ci sono moltissime variabile differenti da considerare, e spesso è complesso anche solo determinare quali sono davvero importanti ai fini di ottenere un quadro generale corretto e dettagliato. In via generale i dati che servono sono il cash flow netto formato durante l'anno, diminuito da un tasso di interesse ragionevole. Warren Buffet utilizza indicatori lievemente diversi; ovvero l'owner earnings (gli azionisti vengono considerati come un unico proprietario) al posto del cash flow, e il tasso a lungo termine bond determinato dal governo americano al posto di un tasso di interesse generico. Chiaramente se si commettono errori in quest'analisi si possono perdere somme di denaro, l'investimento può diventare una perdita al posto che un guadagno. Per evitare questo tipo di problemi Buffett considera un margine d'errore di sicurezza pari al 25%. Per esempio nel caso in cui si sia sovrastimato del 10% in più il valore di un'azienda, si avrà comunque un margine di guadagno; nel caso contrario in cui invece si farà una stima troppo bassa si avranno invece ritorni economici altissimi, e questo sarà molto positivo. Bisogna quindi mantenere sempre un margine per agire con più tranquillità e sicurezza.

Quelle sopra indicate sono tutta una serie di regole apparentemente semplici, ma in realtà davvero difficili da rispettare e gestire; sono necessarie tante attività di analisi e raccolta dati. Non c'è mai fine allo studio, all'informazione, all'aggiornamento e all'analisi in ambito economico. Tutto è sempre in constante cambiamento e non bisogna lasciarsi scappare neanche un piccolo dettaglio.

Per le aziende che si decide di tenere sotto controllo si dovranno fare analisi approfondite su passato, presente e futuro; più informazioni si riusciranno ad ottenere e meglio sarà per il buon risultato di eventuali investimenti.

Per poter effettivamente ottenere grandi guadagni dall'investimento azionario sarà necessario agire con astuzia e coscienza; il caso non esiste in queste situazioni. Prima di scegliere l'attività in cui impiegare i propri soldi bisogna fare ricerche e sforzarsi per avere un quadro completo della situazione che ci si trova di fronte; bisogna fare molta attenzione perché spesso le cose non sono come appaiono, scavare a fondo è ciò che serve davvero.

Esistono esperti analisti del settore che si occupano di aiutare gli investitori, ma se si è abbastanza bravi si può anche operare da soli; ovviamente dopo aver appreso molte conoscenze e aver fatto pratica con piccole somme.

Chiaramente si può anche agire affidandosi alla casualità ma in questo caso si potrebbe intercorrere in perdite cospicue, se non si vogliono perdere soldi e si vuole diventare dei pilastri degli investimenti è consigliabile programmare e valutare attentamente ogni singola mossa. Prevenire è meglio che curare, meglio pensare bene a qualcosa piuttosto che commettere stupidi errori per la fretta.

Capitolo 2

2.1-Filosofia d'investimento

"One dollar for one dollar", questo è uno dei principi alla base dell'idea che ha degli investimenti Warren Buffett. Il concetto è che per ogni dollaro che l'azienda trattiene dagli utili prodotti e in seguito investiti, deve generare un dollaro che vada ad aumentare il valore dell'azienda.

Secondo Warren Buffet è importante analizzare individualmente la propria situazione, allontanandosi dal mercato e agendo in modo indipendente.

Tra le prime cose da considerare c'è la relazione che intercorre tra prezzo e utile, questo serve per capire in linea generale il grado di validità attuale dell'azione che si sta analizzando.

La formula che individuiamo è la seguente:

Prezzo/Utile

Nel modello che segue Buffett gli utili devono venire scontanti per il rendimento che si ottiene dal bond americano nell'arco di 10 anni. (Si segue il modello del reddito fisso.)

Facciamo un esempio. Se il bond a 10 anni di tipo americano ha una resa pari al 5% allora avremo che:

Prezzo/utile=20

Il risultato che otteniamo ci dice che un'impresa il cui valore in borsa è pari ad almeno 20 volte il quantitativo degli utili che è in grado di produrre ogni anno, ha un rendimento per l'investitore che compra quelle azioni che è pari al bon americano con durata di 10 anni.

Ovviamente questo è solo un ragionamento che funziona perfettamente a livello teorico; ma che non considera tutta una serie di altre variabili che si occupano di andare a formare poi l'utile finale al 31 dicembre di ogni anno.

Un'altra cosa che possiamo dire è che nella vita reale la valutazione sopra fatta oscilla costantemente perché è chiaro che sia i prezzi che gli utili cambiano anno dopo anno in base a come vanno gli affari e anche in base a molte altre condizioni incerte che cambiano spesso; non si possono quindi fare valutazioni certe al 100%, si possono solo fare ipotesi che si avvicinano alla realtà.

Di conseguenza i titoli azionari vengono valutati tenendo conto del fatto che i tassi sono variabili.

Nel momento in cui si va a determinare l'obiettivo dell'azienda, che può essere l'aumento degli utili o il mantenimento della situazione attuale di entrate; entra in gioco la regola stilata da Buffett di "un dollaro per un dollaro". Questo significa che per ogni dollaro investito dall'azienda deve generarsi un dollaro di aumento di valore totale dell'azienda. È davvero molto importante seguire questa regola per poter valutare attentamente quanti soldi un'azienda deve trattenere e reinvestire, e quanti invece deve distribuire ai suoi azionisti che agiranno poi come meglio credono a seconda delle opzioni che si trovano di fronte. Può sembrare un discorso abbastanza semplice ma in realtà è un piano abbastanza complesso da seguire. Bisogna fare diverse analisi e valutazioni per essere sicuri che si sta prendendo la migliore scelta possibile e non si sta invece commettendo un errore.

Per vedere come gestire la situazione è auspicabile eseguire il seguente calcolo; sono da considerare gli utili netti generati dell'azienda, e da questi bisogna sottrarre gli utili distribuiti ai vari azionisti. Di conseguenza ciò che resta sono la parte dei guadagni che vengono tenuti e reinvestiti dai manager aziendali. Il calcolo in sé non è molto complicato fino a questo punto.

Ora ottenuto il valore da investire all'interno dell'azienda, è necessario moltiplicarlo per un preciso arco di tempo, che può essere per esempio 6 o 7 anni (almeno 5 per forza).

A questo punto si dovrà stabilire come varia la capitalizzazione dell'azienda in borsa nel corso dell'arco di tempo preso in considerazione dai manager.

Se il denaro è stato investito nel modo corretto e ha ottenuto dei profitti concreti, allora il mercato dovrebbe agire di conseguenza, riconoscendo i vantaggi che sono stati generati per l'azienda.

Il valore calcolato sulla differenza di capitalizzazione dell'impresa dovrà essere uguale o superiore alla somma degli utili che sono stati tenuti e investiti all'interno dell'impresa dai vari manager finanziari.

È da tenere in considerazione che di solito il ritorno sugli investimenti è inferiore al 50%, di conseguenza in questi casi hanno davvero un ruolo significativo i manager che devono impegnarsi per allocare le risorse nel miglior modo possibile in modo tale da ottenere dei buoni guadagni e non delle perdite.

Dal punto di vista di Warren Buffet un manager in grado di svolgere il suo lavoro nei migliori dei modi e che sia orientato agli azionisti, dovrebbe tenere gli utili all'interno dell'azienda se investendoli può ottenere guadagni che siano superiori alla media degli investimenti fissi che vengono effettuati normalmente.

Si genererà quindi maggiore ricchezza che porterà a un aumento della valutazione dell'azienda nel mercato azionario. Di conseguenza se gli azionisti non hanno avuto subito un'entrata concreta in termini economici non devono disperare, perché a lungo andare otterranno dei grandissimi benefici per via dell'aumento del valore dell'impresa che porterà a un aumento del prezzo delle azioni che posseggono. Se decideranno quindi gli azionisti di venderle avranno dei guadagni più elevati rispetto a quanto avrebbero ottenuto prima dell'investimento degli utili da parte del manager.

Chiaramente se nel momento in cui il responsabile degli utili, o il manager che se ne occupa, si rende conto di non essere in grado o di non potere per varie motivazioni reinvestire gli utili guadagnati nel migliore dei modi, è tenuto a dividere e distribuire il guadagno tra i vari soci che decideranno poi come agire o cosa fare con quella somma.

I soci possono reinvestire la somma per generare guadagno per l'azienda, possono scegliere di comprare azioni proprie oppure di andare ad aumentare il dividendo generale; ognuno può agire come meglio crede.

Fare la giusta scelta tra le due opzioni è per i manager fondamentale per assicurarsi che a lungo andare l'azienda ottenga dei buoni risultati nell'ambito degli investimenti azionari. Ovviamente tutti agiscono nella speranza di ottenere risultati che siano anche solo lontanamente uguali a quelli generarti dal grandissimo Warren Buffett; l'idolo di tutti gli investitori.

1.2-Il fossato economico

A fine anni 90, durante un'intervista, Warren Buffett creò e diede un senso al termine "fossato economico".

Di base Buffett ha sempre detto che il miglior modo per fare investimenti di successo è quello di tenere costantemente in considerazione il vantaggio di tipo economico della società in cui si decide di impiegare i propri soldi; rispetto al vantaggio economico di tutti gli altri concorrenti presenti nel mercato. Per rendere meglio il concetto appena esposto fece un semplice esempio.

Bisogna immaginare un castello, circondato tutto intorno da un profondo fossato, la cui funzione è quella di difesa. Serve per proteggersi dai nemici, di conseguenza più è profondo e largo, più il castello è al sicuro dall'eventuale attacco di malintenzionati; sarà per loro più difficile superarlo.

Chiaramente si parla per similitudini, il castello rappresenta in realtà un bene, un servizio o un'azienda; il fossato intorno al castello è il vantaggio competitivo che l'attività possiede rispetto ai concorrenti. Come ultima cosa i nemici che vogliono attaccare il castello sono le altre aziende presenti sul mercato. Di conseguenza più il fossato è largo e più sarà conveniente investire in quell'azienda.

Questo nuovo concetto ideato da Warren Buffett fece una grande breccia nel mondo degli investimenti e più in generale nell'economia, tanto che alcune imprese iniziarono a creare un indice aziendale che comprendeva tutti i concorrenti con un vantaggio molto ampio rispetto alla media, ciò veniva fatto per verificare se la teoria di Buffett fosse veritiera oppure un flop.

Dopo diversi studi e analisi si è verificata la veridicità e la correttezza della teoria del fossato economico; l'indice che era stato creato da molte aziende in cui veniva registrato l'andamento dei guadagni delle aziende con "un fossato più ampio" non ha fatto altro che aumentare negli anni.

Quello che è rimasto da questa analisi è che un investimento intelligente deve essere fatto in attività che hanno un "fossato" molto più ampio rispetto alle altre, che hanno quindi un vantaggio molto alto.

La domanda che può sorgere spontanea è: "se non sono nel settore come posso capire quali aziende hanno una marcia in più in ambito di vantaggio rispetto alle altre?"

C'è il metodo degli indici usato dalle imprese, che è però complicato è difficilmente riproducibile; esiste però anche un altro sistema. Diversi anni fa una società chiamata Van Eck ha costituito un ETF (un particolare tipo di fondo di investimento) che contiene tutte le informazioni generate dall'indice, e quindi tutte le informazioni sulle aziende con maggiore competitività. Aprendo la scheda di questo ETF si avrà l'elenco dettagliato di tutte le migliori aziende in cui investire comprando azioni.

È incredibile quanto l'economia abbia fatto passi aventi negli ultimi anni e quante aziende abbiano raggiunto in poco tempo risultati eccellenti operando con dedizione e impegno e seguendo gli insegnamenti dei più grandi; come per esempio quelli di Warren Buffet.

Capitolo 3

3.1- Warren Buffett e il contrarian investing

Gli investimenti attuati seguendo il metodo contrarian sono nati attorno al 1800, sono stati ideati da un Barone che diceva che il momento ottimale per investire è quando il sangue scorre per le strade.

Di base ciò che fa un investitore che segue il sistema contrarian è andare contro corrente; al posto che seguire ciò che è in tendenza in quel momento nel mercato, lo sfida, acquistando azioni nel momento in cui tutti gli altri investitori decidono di vendere, e vende quando gli altri investitori acquistano.

Per fare un esempio torniamo al Barone che ideo questo sistema; in seguito alla battaglia di Waterloo si scatenò il panico totale nella società e di conseguenza anche nel mercato, in quel momento comprò una grande quantità d'azioni diventando enormemente ricco.

Nel corso della storia ci sono molti altri esempi di questo tipo, la tecnica sta nell'avere sangue freddo, non farsi prendere dal panico e capire quando agire e quanto rischiare. Ci sono personaggi conosciuti che acquistarono azioni dal valore di pochi centesimi, per poi vedere quei titoli salire alle stelle nel momento in cui il mercato si riprese.

Il sogno di ogni investitore è avere all'interno del suo portafoglio solo ed esclusivamente titoli azionari che producono costantemente utili; l'investitore che agisce invece secondo il metodo contrarian non ha paura di vedere il suo portafoglio ridursi drasticamente, in attesa di enormi guadagni futuri. In questo caso non si tratta di giocare col fuoco o di seguire la casualità, l'investitore sa bene ciò che sta facendo; è tutto calcolato nei minimi dettagli. Prima di agire verifica che a lungo andare quelle azioni passeranno dall'essere scarse, al diventare molto produttive; bisogna solo essere pazienti e attendere che il mercato cambi direzione facendo il suo corso.

L'ideale che sta alla base di un investitore contrarian è che il mercato è costantemente in una situazione di disequilibrio; è gestito e va a modificarsi in base alle emozioni, di conseguenza è in continuo movimento, passa da fasi di massimo splendore ad altre di completa depressione. Una volta che si raggiunge uno dei due estremi ciò che succede è che l'ago della bilancia si inizia a muovere verso l'atro estremo, e così via in continuazione. È un continuo salire e scendere.

Per spiegarlo in un altro modo possiamo dire che il mercato segue le sue funzioni fisiologiche naturali, tende a crescere nel lungo periodo e arrivato al punto di massimo di discosta per poi ritornare in modo ciclico a quel punto. È come il ciclo della vita, composta da alti e bassi che si alternano senza sosta.

Fare investimenti in contrarian significa semplicemente approfittare dei momenti in cui il mercato perde la retta via per poi ottenere benefici quando ritrova la sua strada e ritorna alla normalità.

Allo stesso modo quando parliamo della vendita dei titoli ci troviamo nella stessa situazione; avremo momenti in cui le azioni sono troppo sopravvalutate, il mercato seguirà il suo corso e le porterà al loro prezzo corretto di vendita. Col tempo poi il prezzo potrà scendere o salire a seconda della situazione attuale del mercato; è in continuo movimento in cerca di un equilibrio che quando trova è solo di passaggio.

Con il metodo contrarian si va contro tutto ciò che viene da sempre insegnato; secondo la società la cosa migliore sarebbe comprare quando le cose vanno per il verso giusto e vendere prima che le quotazioni scendano troppo. Agendo però al contrario in questo modo particolare si hanno chiari benefici che sono sicuramente da prendere in considerazione. Aprire i propri orizzonti può far paura ma a volte si rivela la scelta migliore.

Ciò che si è verificato e capito a fondo nel corso degli anni, è che essere un investitore che segue il metodo contrarian è difficilissimo; davvero poche persone posseggono la capacità caratteriale di mantenere la calma in situazioni in cui il panico dilaga. Più che di una dote economica si tratta di una dote della persona in se, qualcosa che si possiede oppure no; e che difficilmente si può imparare a controllare.

Uno degli uomini più conosciuti al mondo che è in grado di padroneggiare in modo esemplare questa tecnica è l'investitore Warren Buffet. Nel corso della crisi che durò dal 1973 al 1974, si buttò contro corrente, comprando grandi quantitativi di azioni quotate pochissimo; il tipo di titoli che nessuno era disposto a comprare in quel particolare momento storico dell'economia. Per esempio un'azione del Washington post aveva raggiunto un valore davvero ridicolo, nel corso degli anni seguenti il valore di quei titoli aumentò di circa un centinaio di volte. Il guadagno fu quindi pazzesco per chi aveva comprato quelle azioni a pochi dollari.

Anche durante la crisi del 2008, quando i mercati erano a pezzi, alcuni coraggiosi investitori comprarono moltissimi titoli; oggi non possono fare altro che auto ringraziarsi per il loro sangue freddo e il coraggio che hanno avuto nell'intraprendere questa scelta. Avendo speso poche centinaia o migliaia di euro, si ritrovano oggi miliardari grazie alle azioni comprate col metodo contrarian nel momento in cui il mercato era in difficoltà.

3.2-I rischi che riguardano gli investimenti contrarian

Ovviamente come per ogni tecnica economica ci sono dei pro e dei contro, non sempre le cose vanno come si desidera o si spera.

Nel momento in cui si decide di intraprendere un percorso da investitore contrarian bisogna tenere conto del grande sforzo mentale che è richiesto; si tratta di buttarsi a capofitto contro la massa e rischiare. Anche se si fanno analisi approfondite non è sicuro al 100% che quello che si è predetto si realizzerà.

Tra le prime cose da tenere in considerazione è che di solito quando si comprano titoli in una fase di panico e di crisi il valore che avranno al momento dell'acquisto sarà basso, ma non sarà il valore più basso a cui arriveranno. Di solito dopo essere stati comprati i titoli continueranno a scendere fino a toccare il fondo per poi risalire. Non tutti riescono a mantenere la calma vedendo il proprio portafoglio svuotarsi in questo modo drastico; avere dei nervi d'acciaio è l'unica soluzione.

La fase di rimonta dei prezzi conosciuta anche come fase di "recovery", potrà in diversi casi arrivare anche anni dopo l'acquisto dell'azione. I guadagni tarderanno quindi a manifestarsi ma chi saprà aspettare verrà di certo ricompensato.

È chiaro che questo sistema può risultare davvero molto stressante per una persona; proprio per questo esistono anche tecniche alternative più sopportabili dalla mente umana. Ansia, agitazione e stress fino a un certo punto possono essere uno strumento che sprona la persona a lavorare meglio e con più impegno; ma se superano una certa soglia possono causare stati d'animo davvero pesanti e negativi che vanno poi a rispecchiarsi e ad influenzare l'attività lavorativa e sociale di chi ne soffre.

Tra le tecniche più "tranquille" ce ne sono alcune abbastanza sicure e rassicuranti.

Si può per esempio scegliere di aspettare ad acquistare i titoli nel momento in cui i prezzi si avvicinano alla fase di risalita; si spenderanno più soldi per acquistare e il guadagno sarà di conseguenza più ridotto; ma dimezzeranno le preoccupazioni e i tempi d'attesa di rientro. La vendita verrà effettuata al massimo splendore del titolo. Anche per seguire questo sistema sarà necessario attuare studi ed analisi molto molto approfondite, niente può essere fatto a caso o se ne pagheranno poi pesanti conseguenze.

3.3-Un innovativo metodo di investire

Buffet è famoso oltre che per essere un grande investitore anche per le sue citazioni, tra queste ricordiamo la seguente "bisogna aver paura quando gli altri sono avidi, e avidi nel momento in cui gli altri hanno paura"; ecco una regola fondamentale che segue nella creazione della sua fortuna.

La nascita di nuovi modelli economici che si possono seguire sta interferendo con altri sistemi preesistenti, come per esempio con il metodo "contrarian".

Nonostante i continui cambiamenti a cui viene sottoposta l'economia, bisogna tenere sempre in considerazione alcune regole inderogabili fornite da Warren Buffett, meglio conosciuto come l'oracolo di Omaha, e considerato da molti fanatici del settore come una divinità.

Inizialmente è stato per moltissimo tempo contrario all'investimento in azioni di tipo tecnologico, però alla fine si è arreso anche lui avvicinandosi a aziende come Facebook, Apple, Google, Amazon ecc...

D'altronde ci troviamo di fronte a dei colossi del mercato, che offrono azioni costose ma assolutamente redditizie e ormai da molti anni sono riuscire a dimostrare il loro alto livello di affidabilità.

Nel momento in cui Buffett ha comprato azioni Apple e Amazon ha lasciato tutti stupiti di questa sua scelta, a volte gli piace sbalordire il mercato e i suoi "followers" se così vogliamo definirli.

Queste ultime decisioni inaspettate prese dal migliore investitore del mondo hanno creato molto scompiglio e domande tra gli altri investitori, perché i titoli tecnologici non erano mai stati un'opzione che era davvero stata presa in considerazione come fonte di grandi guadagni.

Oggi invece il mercato sembra diviso in due parti; investimenti prevedibili e investimenti in titolo di tipo tecnologico, tutte le altre varianti sono come accantonate e momentaneamente dimenticate.

Il cambiamento della struttura degli investimenti non è facilmente spiegabile, può essere attribuito al fatto che le industrie tecnologiche stanno prendendo sempre più piede e ricchezza.

Gli investitori che comprano e vendono nel mercato hanno perso di vista un elemento fondamentale; ovvero quello della valorizzazione dei titoli. La presenza di tassi bassi dovrebbe secondo la logica stimolare la fame di colore che utilizzano il metodo contrarian; ma invece utilmente porta solo a concentrarsi su una sola tipologia di azienda (tecnologica) mettendo da parte tutte le altre con tassi bassi.

Ci si domanda quindi a questo punto se questa sia la fine degli investimenti contrarian, una fase passeggera, o se sia solo una modifica alla loro natura.

Secondo le idee di un economista e studioso europeo sono necessari nuovi punti a cui appoggiarsi all'interno di un mercato fortemente instabile; il mercato sta cambiando e con lui anche le regole del gioco. È in realtà un concetto molto semplice ma che risulta difficile da capire e accettare per gli investitori "old school"; quelli più legati alle tradizioni del passato.

Comprare azioni buttandosi nel mercato in momenti di crisi, e nuotando quindi controcorrente è qualcosa che può essere comunque considerato si coraggioso ma anche pericoloso a volta se non si fanno i giusti calcoli.

Arrivare a sottovalutare il proprio portafoglio titoli potrebbe non essere una buona idea. Tutto si basa su previsioni ottenute tramite analisi, grafici e movimenti del mercato. Ma se le cose non andassero come previsto? Se al posto di un guadagno futuro si andasse in contro a una grande perdita irrimediabile? Sono tutte cose a cui pensare e su cui ragionare prima di buttarsi nella fossa dei leoni agendo con spavalderia.

Oltre a questo fattore che va a muovere le acque e a creare confusione c'è ne è anche un altro che sta prendendo piede sempre con più forza; ovvero la nascita di diverse nuove tecniche d'investimento in ambito economico.

Per esempio è nata la tecnica del GAFA (Google, Facebook, Apple, Amazon); ciò che fa questo nuovo sistema è generare dei monopoli naturali che consentono il formarsi di capacità espansive quasi illimitate. Usare quindi in questi ambienti la tecnica contrarian d'investimento è davvero difficile quando si parla di ambienti e settori in via d'espansione e con così tanto potenziale di crescita. Per esempio nell'ambito della pubblicità, dell'elettronica e dei mezzi multimediali seguire la tecnica di agire quando il mercato è in crisi non ha senso. Sarebbe una pessima idea che porterebbe a probabili perdite.

Essendo questi mercati in via d'espansione relativamente nuovi, non si hanno basi concrete su cui effettuare molti studi o analisi; qualsiasi decisione sarebbe quasi presa alla ceca e questa non è sicuramente una buona idea. Gli investitori preferiscono quindi lasciar perdere le strategie di valorizzazione e decidono di lavorare nel modo più sicuro possibile in questo tipo di situazioni. Anche Warren Buffet agisce con prudenza in questo ambito non osando attuare una tecnica di cui è molto esperto, ovvero l'investimento contrarian.

Il continuo affermarsi degli ETF (exchange-traded fund) abbinata al mutarsi delle passate combinazioni di flussi economici porta il mercato degli investimenti ad affacciarsi solo verso determinati tipi di settori e imprese; tralasciando una buona fetta del mercato in modo quasi totale.

Queste ultime modifiche hanno portato gli investitori a tralasciare anche imprese davvero ottime, che producono liquidità e hanno grandissime possibilità di crescita futura a lungo termine. Queste ultime aziende sono ora al centro dell'attenzione dei fondi comunità di private equity; i quali agiscono sempre considerando un'ottima di lungo periodo; e quindi guadagni futuri. La pazienza in questi casi è importantissima.

Capitolo 4

4.1- Azioni, obbligazioni, oro, bitcoin e molto altro

Quando si prende la decisione di investire nel mercato, bisogna tenere anche in considerazione in che canale farlo (asset); è un fattore molto importante e su cui bisogna ragionare a fondo e con astuzia.

Per esempio una persona può investire il 5% del suo portafoglio in azioni e la restante parte in altri asset, questa scelta potrà influenzare la stabilità economica del soggetto? È importante diversificare per avere maggiore sicurezza? Come farlo?

Questo sono tutte domande più che lecite quando ci si affaccia al mondo degli investimenti.

Vediamo l'opinione di Buffett in merito ai principali mercati in cui è possibile attuare investimenti:

• Oro: Warren Buffett non crede molto nell'investire comprando oro, non si tratta di giochi di mercato e di conseguenza difficilmente produrrà un vero valore aggiunto. Il suo prezzo è imprevedibile perché dipende solo da quanto un compratore è disposto a spendere in quel determinato momento. Questo comporta che si potrebbe cadere in perdite o guadagni pari a zero se i compratori non sono disposti ad offrire più di una determinata somma e si impuntano su una certa cifra. A quel punto si potrà scegliere di vendere se si necessita di liquidità in via immediata; subendo però eventuali perdite. Oppure si può scegliere di tenere l'oro ancora con sé nella speranza che col tempo la situazione possa cambiare. Ovviamente non tutti possono permettersi di aspettare, soprattutto nell'ambito degli investimenti dove la liquidità per fare nuovi acquisti è fondamentale e di vitale importanza.

• Titoli azionari: secondo Warren Buffett il miglior modo per produrre ricchezza solida a lungo termine, è quello di investire in azioni. Se si sceglie di investire in questo ambito bisogna tenere in considerazione che non si tratta di guadagni rapidi, se si necessità di liquidità in tempi brevi non è consono seguire questa strada; purtroppo è risaputo che nel breve periodo il mercato è imprevedibile, le cose possono cambiare rapidamente e costantemente. Se si pensa di rivendere subito un'azione si sta commettendo un grande errore, possono essere fatte previsioni di guadagno abbastanza precise solo per il lungo termine. Secondo Buffett infatti non bisogna pensare di tenere un titolo per 10 minuti se non si è intenzionati a tenerlo per almeno 10 anni; con questo vuole appunto ribadire il fatto che nel momento in cui si compra un'azione bisogna partire col presupposto che dovrà rimanere nelle vostre tasche per molto tempo prima di produrre guadagni. È chiaramente difficilissimo pensare di svegliarsi una mattina e essere in grado di investire come fa Buffett, ma ci sono alcune piccole accortezze che sono da seguire per raggiungere risultati. In ambito azionario bisogna mantenere la concentrazione sul lungo termine, è quindi ottimo scegliere aziende che prospettano di essere in grado di generare vantaggi che persistono negli anni. Si può quindi acquistare azioni in momenti non splendenti per l'azienda, guardare il quadro generale futuro è la tecnica; e un'altra cosa fondamentale è quella di smettere di investire in determinate azione se si vede si è commesso un errore. A quel punto la scelta migliore è venderle incassando i colpi di eventuali perdite, tenendoli la situazione non farebbe altro che peggiorare.

- Obbligazioni: Warren Buffett dice che investire in obbligazioni è meno rischioso che farlo in azioni, soprattutto se si desidera ottenere un rientro nel breve termine. Detto questo la sua idea rimane che chi è disposto a investire a lungo termine, o i giovani che si approcciano per la prima volta a questo mondo, dovrebbero scegliere di comprare solo azioni.

- Soldi contanti (cash): Buffett è un super fan del denaro contante, desidera avere sempre a disposizione una grande quantità di soldi a portata di mano. Nella sua azienda tiene un ammontare di 20 miliardi sempre a disposizione, questo per evitare di situazioni spiacevoli; non vuole rischiare di ritrovarsi senza denaro o nella situazione di chiedere prestiti. Tenere quindi una somma sempre disponibile è alla base di un business di successo, la vita è imprevedibile e non si sa mai cosa può succedere; prevenire è meglio che curare. Bisogna anche capire a fondo la distinzione tra i veri e propri soldi risparmiati che si possono utilizzare, e altre soluzioni di risparmio, come per esempio conti di risparmio con alti rendimenti. In quest'ultimo caso i soldi non sono davvero disponibili fino a una determinata data.

- Criptovalute (bitcoin): Warren Buffett non apprezza le criptovalute, come per esempio i bitcoin (ormai molto diffusi e conosciuti da tutti); li considera solo come un gioco, non un vero strumento economico. Come per l'oro, pensa che anche le criptovalute non sono davvero un asset produttivo, che genera guadagni effettivi. Non consiglia quindi l'utilizzo di questo strumento, pensa persino che presto sparirà o farà una brutta fine. L'unico modo per fare soldi con questo strumento è quello di aspettare e sfruttare i momenti di pura pazzia, ci sono giorni o anche solo pochi minuti in cui queste monete aumentano di valore in maniera consistente senza apparente motivo; allo stesso modo però perdono poi valore altrettanto velocemente. Il trucco sta nel vendere quando il prezzo sale all'impazzata; è però sempre importante ricordare che se si perde l'attimo si va in contro solo a perdite pesantissime e non quantificabili precedentemente.

- Fondi indicizzati: Come abbiamo vista prima, possiamo dire che Warren buffet ha una predilezione per l'investimento in titoli di tipo azionario con orientamento a lungo termine, e consiglia a tutti di interessarsi in particolare a questi. Non è però detto che l'investire nelle singole azioni sia la scelta ottimale per tutti, ci sono anche altre opzioni diverse che si possono intraprendere sempre in ambito azionario. Agire nell'acquisto di singoli titoli può essere ottimale per investitori esperti, che sanno molto bene come muoversi nel settore, sono in grado di gestire ogni fase dell'investimento da soli e sanno in caso a chi rivolgersi per consulenze o consigli. Parlano invece della popolazione in generale si può dire che molti vorrebbero investire, ma non sanno come farlo, come muoversi, a chi rivolgersi. Esistono quindi dei fondi indicizzati che sono sicuramente la scelta migliore per tutte quelle persone che non hanno la voglia, il tempo, o le capacità per poter capire come funziona effettivamente le azioni e le società. Le persone affidano dei soldi ai fondi che si occupano di garantire a lungo termine degli utili per gli investitori; quello che verrà prodotto dal fondo verrà poi diviso tra i vari partecipanti. Altro punto a favore dei fondi è che non richiedono grandi somme per entrarvi, le spese per gli investitori sono minime e i risultati sicuri.

• Investimenti immobiliari: Warren Buffet è un grande appassionato del settore immobiliare; ama investire in questo ambito e anche fare molti acquisti per se stesso. Secondo lui gli immobili sono tra i mezzi finanziari più convenienti e vantaggiosi a cui possono fare ricorso le persone. Non si tratta solo di strutture ma di veri e propri beni produttivi che possono creare guadagni se sfruttati nei modi corretti. Per esempio una struttura può essere messa in affitto, oppure ristrutturata e venduta, oppure si possono comprare terreni su cui coltivare, o affidarli a agricoltori, ci sono davvero molte opzioni differenti. Buffett ha deciso di investire il suo denaro acquistando diversi spiazzi agricoli da utilizzare per produrre poi ricchezza.

Riassumendo, Warren Buffet non è sicuramente il tipo di persona che desidera tenere i suoi soldi bloccati e inutilizzati; d'altronde c'è un motivo se è il più grande investitore di tutti i tempi.

Il suo pensiero è che è importante avere una parte di soldi liquidi da utilizzare in caso di problemi, necessità, investimenti inaspettati o eventuali emergenze; la restante parte dei soldi va invece messa a titolo di risparmio, deve essere investita nel mercato azionario a lungo termine per ottenere poi guadagni futuri. La maggior parte dei suoi soldi vengono investiti in attività che producono utili e consiglia a tutti gli investitori di fare la stessa cosa per raggiungere il successo.

Per coloro che sono alle prime armi o non hanno esperienza consiglia invece di appoggiarsi a dei fondi indicizzati per non rischiare di commettere errori e inciampare in perdite economiche.

Per quelli che invece sono alla prime armi ma hanno la voglia, il tempo e la dedizione per studiare, apprendere e imparare consiglia invece di acquistare azioni. Ovviamente bisogna sempre agire con coscienza e senza lasciare niente al caso.

Insomma investire è per Buffett fondamentale, non importa in cosa si investe; l'importante è farlo nel modo corretto e ragionano sempre molto bene. Anche un piccolo errore potrebbe portare al fallimento.

4.2- Gli azionisti della Berkshire Hathaway

Tutti gli anni in un determinato luogo viene organizzata una riunione per gli azionisti della Berkshire Hathaway, a cui partecipano circa 40000 persone. È qualcosa di davvero sorprendete vedere il grande numero di soggetti che partecipano a questo evento; si tratta solo di una riunione di azionisti, anche se apparentemente sembra più che tutto un grande evento sportivo di intrattenimento. Un afflusso di questo tipo a un evento economico è qualcosa di davvero unico e raro; d'altronde quando c'è di mezzo di signor Buffett ci sono sempre da aspettarsi cose strepitose.

Ovviamente l'evento viene sempre ospitato in Nebraska, a Omaha, la città natale di Warren Buffett.

Il numero sopra indicato indica solo le persone che partecipano fisicamente all'evento, quelli che vedono la riunione in streaming o sui social non sono nemmeno quantificabili; si parla di milioni di persone che non vogliono assolutamente perdersi la riunione. È un appuntamento fisso per gli investitori di tutto il mondo e gli appassionati del settore.

Momento principale dell'evento è l'intervista che viene fatta a Warren Buffett e al suo socio Charlie Munger.

I due salgono sul palco per diverse ore, e rispondono a tutta una serie di domande che vengono poste da dei giornalisti selezionati precedentemente; da alcuni partecipanti all'evento che si presentano prima di tutti gli altri e hanno quindi la fortuna di poter porre almeno una domanda a testa.

Il momento dell'intervista è come un film o uno sketch in cui i membri dell'azienda cercano di rispondere in modo esaustivo a tutte le domande, evitando però di rispondere a ciò che non ritengono opportuno. Spesso vengono fatte domande troppo sfacciate o specifiche; Buffett non vuole che suoi collaboratori rivelino troppo dei loro piani, e tiene quindi sempre sotto controllo la situazione. La classica domanda che viene posta riguarda i consigli della borsa e su cosa investire in quel momento; puntualmente questa domanda resta senza risposta. Buffett ha scritto interi libri in cui da consigli, non ha quindi niente d'aggiungere.

L'evento continua per tutto il weekend, con feste, cene e shopping di azioni collettivo. Insomma un evento con i fiocchi che attira l'attenzione di moltissime persone e fa parlare di sé per i mesi a venire. Quando Buffett fa qualcosa lo fa sempre in grande.

I più appassionati che non possono partecipare fisicamente all'evento seguono in streaming tutta la "cerimonia", che dura moltissime ore; quelli che invece vogliono arrivare al sodo possono trovare nei giorni seguenti all'evento dei video in cui sono raccolti i punti salienti dell'incontro e le parti più significative e anche divertenti.

Niente è lasciato al caso e l'esito finale della riunione è sempre positivo.

Un altro momento principale dell'evento è la lettura annuale della lettera scritta da Buffett a tutti i partecipanti. L'economista si reca personalmente sino a Omaha e sul palco legge quanto da lui scritto per gli azionisti della Berkshire Hathaway.

All'interno della lettera ci sono ringraziamenti, promesse e consigli dettagliati che riguardano gli andamenti dell'azienda e in più generale gli investimenti. Ogni partecipante all'evento trae le sue conclusioni dalle parole di Buffett e si carica di nuova energia per dare il meglio di sé; questo ultimo sa lanciare messaggi forti e parlare di argomenti che portano a riflettere e a valutare diverse situazioni.

Per chi si perdesse la lettera può ritrovarla in seguito su diversi siti internet, dargli una bella lettura non può fare altro che bene per sentirsi ispirati, apprendere nuove conoscenze e imparare anche nuove cose.

Ognuno può poi trarne il messaggio che più preferisce, Buffett ama parlare per similitudini, facendo esempi ed usando frasi ad effetto; che negli anni sono rimaste all'interno del vocabolario economico mondiale come dei pilastri a cui appoggiarsi e da cui prendere spunto.

Capitolo 5

5.1-Come agisce Warren Buffett

Warren Buffett è il più grande investitore del mondo, di conseguenza tutti coloro che operano nel settore economico degli investimenti desiderano ricevere consigli da parte sua su che azioni acquistare o su come muoversi in determinati momenti particolari del mercato. È considerato come un oracolo infallibile, e moltissime persone si ispirano a lui e seguono i suoi movimenti con grande assiduità.

Buffett è sempre stato molto disponibile, ha sempre condiviso trucchi, consigli, ha scritto addirittura libri su come conquistare il mercato; ma quando si tratta di rivelare quali sono le sue mosse nell'immediato non apre bocca, questo perché creerebbe un subbuglio considerevole. Se dicesse qualcosa tutti si lancerebbero a comprare azioni in base alle sue parole e il caos prenderebbe il sopravvento.

Per quanto riguarda la sua azienda, la Berkshire Hathaway, non rende disponibili al pubblico le sue azioni attuali, o moltissime persone proverebbero a comprarle e questo peggiorerebbe il prezzo dei suoi titoli; e questo non è di certo ciò che desidera.

In questo caso però interviene lo stato; la SEC (Securities and Exchange Commission) chiede a coloro che gestiscono investimenti colossali come quelli che riguardano la Berkshire Hathaway di inserire le azioni in cui stanno investendo all'interno di un documento che si chiama "trimestrale 13F". Questa nuova procedura è estremamente negativa per gli investitori affermati; questo perché investitori minori o alle prime armi si butteranno sulle aziende dove le aziende qui famose investono pensando di fare operazioni sicure. Così facendo le azioni acquistate perderanno di valore per via della loro grande richiesta, creando dei gravi problemi al mercato azionario.

Per quanto riguarda la pianificazione futura invece Buffett ha già organizzato i suoi conti, ormai ha raggiunto una certa età e sta quindi iniziano a liberarsi di molte azioni. Negli ultimi anni ha ceduto gran parte del suo portafoglio a Ted Weschler e a Todd Combs, manager della Berkshire Hathaway; ma gestisce ancora la parte principale del portafoglio e si occupa di indirizzare e controllare le decisioni più importanti che vengono prese per il buon funzionamento dell'azienda. Piano piano sta cercando di trasferire le attività che svolge e tutte le sue azioni su altri dipendenti, in modo tale che anche in seguito alla sua morte l'azienda continui ad essere in vita, forte e competitiva. Questo dimostra quanto sia un investitore e un imprenditore spettacolare, pensa ad ogni singolo aspetto della sua attività sempre, nulla può essere fatto a caso o senza aver pensato prima attentamente a come agire. La pianificazione è alla base di tutto.

5.2-Le principali aziende in cui Warren Buffet investe

Guardando gli andamenti di vendite e acquisti della Berkshire Hathaway, l'azienda di Warren Buffett, si possono individuare chiaramente le ultime mosse e strategie dell'investitore; è importante anche considerare i dati relativi alle varie aziende in cui Buffett ha azioni.

Tra le principali imprese in cui ha investito grandi somme abbiamo:

• La Apple: azienda americana con sede in California che produce computer, sistemi operativi, telefoni, tablet, orologi e altri accessori e strumenti elettronici. È un vero e proprio colosso, ormai quasi chiunque possiede almeno un prodotto Apple. Chiunque persona di qualsiasi età sa quali sono i prodotti di questa azienda.

- Bank of NY Mellon Corporation: è una tra le più grandi banche del mondo, è nata dalla fusione tra due aziende, ed è oggi una multinazionale che gestisce fondi, denaro e tutta un'altra serie di attività a sfondo finanziario.

- Moody's: parliamo di un'azienda privata che si occupa di analisi e ricerche finanziarie prendendo in considerazione diverse azienda. La sua sete si trova a New York. È una di quelle imprese che si occupa di assistere gli investitori nel momento in cui devono decidere dove andare ad investire. Con le sue analisi sa dare consigli molto utili e azzeccati.

- Kraft Heinz: è una multinazionale che si occupa di lavorare nel settore delle bevande e in quello alimentare. È tra i leader nel suo settore; la sua sede centrale è situata a Chicago negli stati uniti.

- Bank of America: è una banca di tipo multinazionale che si occupa di svolgere tutta una serie di attività e servizi a sfondo finanziario. La sua sede è a Charlotte, ma ha sede minori in altre diverse parti del mondo.

- La Coca Cola Company: una tra le più importanti e grandi aziende che producono bevande analcoliche; è un'azienda americana conosciuta in tutto il mondo.

- US Bancorp: è una multinazionale situata in Minnesota, negli stati uniti, che si occupa di fornire servizi bancari e finanziari.

- American Express: è un'azienda americana che si occupa di finanza, assicurazioni, carte di credito e di viaggi, la sua sede principale si trova a New York, ha poi sedi minori in diversi paesi. Chiunque ha sentito parlare almeno una volta nella vita delle carte di credito America express; questo è più che certo.

- Wells Fargo & Co: si tratta di una multinazionale che ha sede in California; lavora nel settore finanziario, rappresentando una delle più grandi banche di tutta l'America.

- JP Morgan Chase: parliamo di una multinazionale, la cui sede centrale si trova a New York. È una delle più grandi banche degli stati uniti; nonché la sesta banca per grandezza nel mondo.

In base a quanto appena visto possiamo notare che le aziende in cui Buffett ha investito grandi quantità di capitali sono tutte aziende con caratteristiche particolari.

Per prima cosa sono tutte molto grandi, sviluppate e conosciute; visto e considerato il suo grande successo e il suo patrimonio, l'economista non può permettersi di abbassare i suoi standard investendo in aziende minori che hanno media o bassa capitalizzazione.

In secondo luogo ci troviamo di fronte a molte banche, e le restanti aziende sono grandissimi brand, conosciuti da chiunque in tutto il mondo.

Warren Buffett investe quindi a colpo sicuro, avendo a disposizione quantità quasi illimitate di denaro può permettersi di investirlo nel migliore dei modi per assicurarsi guadagni stellari. Chiunque si trovasse nella sua situazione probabilmente agirebbe nello stesso modo per portare al massimo le proprie entrare e il proprio portafoglio azionario.

5.3- Anche i migliori possono fallire

Warren Buffett è una persona che fa sempre parlare di sé, di conseguenza si trova spesso nel centro del girone, sotto l'occhio dei media e di tutta la popolazione. Di solito si parla di lui e dei suoi successi, ma è un essere umano e anche lui a volte non fa centro; non è un robot.

Buffett è conosciuto come il mago degli investimenti, l'oracolo di Omaha, gli appassionati del settore e i colleghi hanno sempre osservato, studiato e seguito le sue azioni con la speranza di raggiungere almeno un quarto del suo successo. Ha quindi sempre fatto parlare per le sue imprese e le sue manovre finanziarie; è capitato però anche che facesse chiacchierare di sé per degli insuccessi; non molto tempo fa è stato "sconfitto". Capita anche ai migliori di tanto in tanto.

Ciò che successo è stato che Buffett ha attirato l'attenzione di molti economisti, dei media e di tutto il settore degli investimenti nel momento in cui ha iniziato a raccogliere una grandissima liquidità all'interno delle casse della sua azienda, la Berkshire Hathaway. Nel giro di poco tempo la cifra presente è aumentata senza sosta, fino ad arrivare a toccare 122 miliardi di dollari americani e nei mesi seguenti la somma è incrementata ancora di più.

Tutti hanno iniziato a domandarsi il motivo di questa manovra, cosa voleva fare Buffett con tutti quei soldi? Come voleva spenderli? Perché raggrupparli così rapidamente?

Inizialmente non si trovava risposta a queste domande, ma col tempo la situazione è risultata chiara a tutti.

Ciò che stava succedendo è che Tech Data, un'azienda multinazionale che si occupa di beni e servizi di tipo tecnologico, aveva dichiarato che avrebbe volute essere comprata da una società che si chiama Apollo Global Management.

Apollo valutava l'azienda circa 5 miliardi di dollari senza considerare i suoi debiti, e offriva loro per ogni azione 145 dollari americani.

Chiaramente quella della società Apollo non era l'unica offerta che era stata proposta alla Tech Data; la concorrenza è sempre molto agguerrita.

Inizialmente Apollo aveva proposto 130 dollari per azione, in seguito un investitore restato anonimo aveva fatto una controproposta per 140 euro ad azione. A quel punto la prima azienda ripuntò a 145 euro per titolo e l'azienda elettronica accettò l'offerta. Si scoprì poi che l'investitore anonimo era Warren Buffet, ecco perché stava raccogliendo così tanto denaro liquido; era intenzionato a comprare tutte le quote di quell'azienda, ma per una volta non ha ottenuto il suo obiettivo.

Tech Data ha voltato le spalle al più grande investitore di tutti i tempi che si è ritrovato a mani vuote.

Questa è la dimostrazione che nessuno è infallibile, tutti possono commettere errori e non portare a termine gli obiettivi prefissati; l'importante è non mollare mai e non demoralizzarsi.

Buffett in questo caso è stato sconfitto, c'è una prima volta per tutto.

Conclusioni

Warren Buffett è il più bravo investitore in tutto il mondo; chiunque sia un appassionato di investimenti o si sia approcciato a questo mondo avrà indubbiamente sentito parlare di questo colosso dell'economia, da tanti considerato come una leggenda.

Buffett è attualmente il più famoso investitore in vita; ha deciso di condividere con tutti le sue conoscenze, insegnando e scrivendo libri su che tecniche seguire e come muoversi per ottenere dei buoni risultati in ambito economico degli investimenti.

L'economista ha iniziato la sua carriera a 11 anni, giovanissimo, seguendo le informazioni raccolte dall'esperienza di altri investitori già affermati; il suo talento è a dir poco raro, è difficile trovare un bambino di 11 anni interessato all'economia, figuratevi uno che investe sul mercato.

Con gli anni diventa sempre più bravo fino ad arrivare ad acquistare la sua prima azienda; la Berkshire Hathaway; da quel momento in poi diventa inarrestabile. Acquista azioni ovunque, compra aziende nei posti più disparati del mondo ottenendo enormi guadagni.

Ciò che l'ha reso il migliore è sicuramente una spiccata abilità naturale per gli investimenti accompagnata da anni di studi, approfondimenti e aggiornamenti continui. In ambito economico non c'è mai fine a ciò che si può apprendere, bisogna tenersi sempre informati, leggere, capire, confrontarsi con altre persone del settore. Solo in questo modo si avranno buoni risultati che riusciranno a persistere a lungo termine; una delle sfide più grandi in questo ambito è mantenere ciò che si è creato. Esistono giornali, riviste, documenti, grafici; ci sono enormi quantità di materiali su cui si può apprendere.

Ciò che differenza Buffett dalla massa è la sua grandissima capacità di restare concentrato indipendentemente da ciò che accade al mercato azionario.

Per imparare ad investire può essere anche utile studiare e analizzare l'andamento di un'azienda per diversi anni (10-20-30-40-50), si possono guardare aziende in settori differenti e che lavorano in ambiti che non toccano davvero la tua attenzione. Importante è osservare e capire.

Nonostante l'osservazione e lo studio in pochissimi, o quasi nessuno riesce a raggiungere livelli che si avvicinano a quelli di Buffett; il suo lavoro può essere preso come esempio ma imitarlo è davvero un'impresa quasi impossibile. Indipendentemente da questo esistono dritte da seguire fornite dall'economista che aiutano a migliorare e a diventare investitori bravi anche se non al suo livello. Vediamo quali sono i suoi consigli:

- Investire in aziende che resistono nonostante lo scorrere del tempo, per individuale sarà necessario analizzare e studiarle nel corso degli anni prima di affidargli i propri soldi.

- Non mollare nei momenti difficili in cui non sai cosa fare, sono quelli i frangenti in cui puoi ribaltare la situazione a tuo favore usando un po' di astuzia e aggressività. Nel settore degli investimenti bisogna essere uno squalo.

- Impara ad investire investendo. Inizialmente prova a usare piccole somme di denaro, allenati, fai tutte le prove di cui hai bisogno per individuare i tuoi piani d'azione migliori. Quando sarai pronto passerai poi a investimenti più consistenti.

- Pensa sempre a lungo termine. Con l'acquisto d'azioni è chiaro che non si avranno utili nell'immediato. Bisogna attendere che l'investimento faccia il suo corso prima di poter incassare. Bisogna saper aspettare e gestire i propri soldi di conseguenza.

- Affidare i propri soldi ad aziende che lavorano bene, che sanno gestirsi ne migliore dei modi e non hanno problemi con i pagamenti o nel rilascio dei dividendi. Studiare la storia dell'azienda è essenziale.

- Scegliere di investire in settori a te conosciuti, lavorare con aziende di cui conosci i prodotti o i servizi e l'andamento che hanno è importantissimo. La conoscenza è la chiave del successo.

Osservando le aziende in cui Buffett veste e la sua azienda si nota una chiara differenza; le aziende in cui investe pagano i dividendi, la sua azienda invece no. Questa deve essere una sua particolare strategia ben pensata per sfruttare al meglio i suoi guadagni e reinvestirli nel modo che ritiene più corretto.

Spesso è difficile capire cosa gli passa davvero per la testa, per capirlo bisognerebbe analizzare a fondo tutte le sue mosse, partendo da quelle più plateali fino a quelle più piccole e insignificanti.

Parlando invece dei diversi ambiti in cui i soldi possono essere investiti diciamo che spesso le persone si preoccupano di quanto investire, ma non considerano quanto sia importante valutare anche il settore o i settori in cui dividere i propri investimenti.

Di base possiamo dire che Buffett ha una predilezione per gli investimenti azionari, in contanti e nel mercato immobiliare; non crede invece negli investimenti in oro e in criptovalute perché li considera imprevedibili.

Investirei i propri soldi in obbligazioni è tra le scelte meno rischiose in particolare se si vogliono raggiungere profitti nel breve periodo.

Per chi è alle prime armi e non sa come muoversi nel mondo finanziario esistono poi i fondi di investimento comuni, che si occupano di investire per gli azionisti e dividono poi i dividendi tra tutti i partecipanti.

È quindi importante scegliere il canale in cui investire in base a ciò che si vuole ottenere, e in base alle tempistiche che si vogliono rispettare. Bisogna valutare se si necessita di rientrare nel breve periodo o si può aspettare di rientrare nel lungo.

Warren Buffet è famoso anche per alcune sue citazioni motivazionali. Vediamone alcune:

- "Quando voglio prendere una decisione di gruppo mi guardo allo specchio." Questa frase fa riferimento al fatto che secondo Buffett ogni individuo deve pensare e ragionare da solo. Quindi quando devi prendere una decisione o devi chiedere un consiglio puoi contare solo su te stesso, devi interpellare solo te.

- "Investire è semplice, ma non è facile." Chiaramente per lui investire è semplice; è il migliore investitore del mondo, segue tutta una serie di regole e di strategie che ha creato negli anni. Ovviamente non è un'attività da sottovalutare, investire diventa semplice nel momento in cui alla base si hanno molte conoscenze, si ragiona su come agire e non si commettono errori.

Concludendo possiamo dire che arrivare ad investire come fa Warren Buffett non è una cosa fa tutti, bisogna possedere una dote naturale, accompagnata da tanto studio e pratica. Seguendo i suoi consigli si possono indubbiamente ottenere dei buoni risultati, ma per riuscire a mantenerli e a ottenere un vero successo serve usare molto impegno, razionalità e forza di volontà.